RELATION
DE LA FÊTE

CÉLÉBRÉE A AVRANCHES,

LE 16 SEPTEMBRE 1832,

POUR

l'Inauguration de la Statue

DU

GÉNÉRAL VALHUBERT.

Par C. Poyssou.

A AVRANCHES,

CHEZ Mme Ve TRIBOUILLARD, IMPRIMEUR-LIBRAIRE,

Rue des Fossés.

M. D. CCC. XXXII.

Avranches.—Impr. de M.° V.° TRIBOUILLARD.

AVERTISSEMENT.

Un grand nombre de personnes d'Avranches et des environs, m'ayant engagé à publier une relation détaillée de la Fête du 16 septembre, et à y faire entrer tous les discours prononcés au moment de l'inauguration de la Statue du Général Valhubert, et tous les toasts portés au banquet; j'avais cru devoir me rendre à leurs désirs. J'avais, en conséquence, rassemblé les matériaux nécessaires, et je portais mon ouvrage chez l'Imprimeur, lorsque je fus instruit que M. le Maire d'Avranches, faisait, de son côté, imprimer le rapport de la Fête, que lui avait demandé M. le Préfet de la Manche. J'attendis, bien résolu à ne pas affronter une aussi redoutable concurrence, d'autant plus que le but que je me proposais se trouverait rempli, et rempli beaucoup mieux que je ne pourrais le faire. Toutefois, la lecture de ce rapport m'a prouvé que le vœu de mes amis n'était pas accompli. En effet, M. le Maire n'a fait entrer dans sa narration officielle, aucun des discours que chacun désirait de voir reproduire; il a omis beaucoup de détails que les personnes qui ont assisté à la Fête regretteront de ne pas retrouver dans son récit... Je me suis donc décidé à faire paraître la

AVERTISSEMENT.

mien. M. le Maire a fait une narration rapide, animée, brillante; je me suis borné à un récit purement didactique.

J'ai cru ces explications nécessaires; si cependant quelques personnes trouvaient ma persistance présomptueuse, je pourrais leur répondre avec vérité, qu'en publiant mon travail, je crois ne faire preuve que d'abnégation.

RELATION

De la Fête célébrée à Avranches, le 16 Septembre 1832, pour l'Inauguration de la Statue du Général Valhubert.

La ville d'Avranches vient de célébrer, par une Fête brillante, l'inauguration de la Statue du Général Valhubert, l'un de ses enfans, tombé à Austerlitz.

Versailles s'honore de la statue de Hoche; Strasbourg, de celle de Kléber; Pont-de-Vaux possède celle du général Joubert; Avranches peut maintenant s'enorgueillir du monument consacré à la gloire de son illustre concitoyen.

La fête avait été préparée principalement par les soins de M. le Sous-Préfet de l'arrondissement, dont on ne peut trop louer le zèle et l'activité. Ce magistrat avait pensé avec raison qu'on ne pouvait entourer de trop de solennité une Fête d'un but aussi élevé; que ce monument peut exercer une utile influence sur la jeunesse appelée au service de la Patrie, lui offrir un objet d'émulation, un exemple à suivre; et qu'il n'est pas un de nos jeunes citoyens qui, à l'aspect de cette glorieuse récompense décernée au courage, aux talens, au patriotisme, ne puisse se dire : Et moi aussi, je puis un jour en obtenir une semblable; du moins je m'efforcerai de la mériter.

Les gardes nationales de toutes les villes de l'arrondissement, celles de toutes les communes rurales, tous les maires, tous les principaux citoyens s'étaient donné rendez-vous à cette solennité.

Dès la veille, 15 septembre, on vit arriver, tambours et musique en tête, drapeaux déployés, un détachement d'environ 200 hommes de la garde nationale de Granville qui, parvenu à l'un des faubourgs, salua la ville d'Avranches par une salve de dix coups de canon. A l'embranchement des deux routes de Granville et de Villedieu, la garde nationale de Granville joignit celle de cette dernière ville, forte de 400 hommes. Toutes les deux furent reçues par les officiers de celle d'Avranches, et firent leur entrée dans la ville, aux sons d'une musique guerrière, et aux acclamations des habitans.

Au moment où l'artillerie de Granville saluait la ville d'Avranches, l'artillerie de la garde nationale de la ville lui répondait, et annonçait la Fête du lendemain par une salve de dix coups de canon.

C'était un beau spectacle que celui de ces canons couronnant la plate-forme élevée de la ci-devant cathédrale, et d'une nombreuse population, ivre de joie, bordant tout le vaste amphithéâtre qui domine les deux routes, en suivant ses longs contours, et se termine par le boulevart du Nord, d'où la vue plonge sur une campagne, étendue, admirable, que sillonne la Séez, et sur l'immense grève du mont Saint-Michel, que termine la mer. On eût dit que chacun allait au-devant d'un père, d'un frère, d'un fils, d'un ami revenant des combats, et cherchait à le découvrir et à le faire remarquer dans les rangs pressés de ces deux belles troupes, pendant qu'à l'horison le soleil s'abaissait majestueusement dans l'Océan, semblait s'associer à la joie de tant de populations réunies, et leur promettre un beau jour pour le lendemain.

Les gardes nationaux furent logés chez les habitans, qui s'étaient empressés de se faire inscrire pour recevoir ces hôtes chéris. Il eût été, d'ailleurs, impossible de les loger dans les hôtels et les auberges, tous retenus depuis long-temps par les curieux accourus de tous les points du département, et même des départemens voisins.

Le lendemain, l'artillerie de la ville salua, par une nouvelle salve de ses canons, le lever d'un soleil que septembre paraissait avoir dérobé à juillet. Déjà toutes les rues étaient pavoisées de drapeaux aux trois couleurs, et remplies de gardes nationaux et de citoyens se rendant aux endroits où devaient avoir lieu les divers détails de la Fête.

A neuf heures, le cortège se réunit à l'hôtel de la mairie, et les gardes nationales allèrent se former en bataille sur le boulevart du Sud qui, malgré son long développement, avait peine à les contenir.

La ville d'Avranches dut vivement regretter que la santé de M. le Préfet de la Manche ne lui eût pas permis de venir présider à cette Fête. Ce magistrat a des droits à leur reconnaissance, par le zèle qu'il a mis à faire terminer les travaux du monument, et par les secours qu'il a sollicités et obtenus du conseil général.

M. le général Berthemy, qui déjà était venu placer la première pierre du piédestal, et dont les habitans d'Avranches avaient pu dès-lors apprécier la bienveillance, la loyauté et l'éloquence, présidait la cérémonie. Il était assisté et entouré de MM. le Sous-Préfet, le Maire et ses adjoints, de tous les fonctionnaires, de tous les maires des communes de l'arrondissement, de MM. de Bricqueville, Havin et Dubois, députés, de M. Angot, ancien député, et de plusieurs membres du conseil général.

Le cortège, escorté par une compagnie de la garde nationale, se rendit sur le boulevart du Sud, où le Général passa la revue de toutes les gardes nationales et de la compagnie du brave 50ᵉ de ligne, qui forme la garnison de la ville. Chacun put se convaincre, en voyant les gardes nationales manœuvrer avec l'ensemble et la précision de vieux soldats, qu'un pays couvert de pareils hommes n'est pas facile à conquérir, et que bien osés seraient ceux qui se hasarderaient à l'attaquer.

Après la revue, le cortège se dirigea vers la principale église, où notre digne et respectable

Curé prononça un discours éloquent, dans lequel il fit un éloge brillant des vertus du Général Valhubert. Ministre d'un Dieu de paix, il prêcha l'union et la concorde; mais il rappela aux Français qui l'écoutaient, que si la Patrie était menacée de nouveau, ils devraient tous imiter l'exemple de Valhubert, et voler à sa défense.

De l'église, le cortège se rendit à la nouvelle Place-Valhubert, prise sur la promenade de la ville, qu'on appelle le jardin de l'Évêché. Toutes les allées de ce jardin, les deux terrasses en amphithéâtre, qui s'élèvent au-dessus l'une de l'autre, les fenêtres des maisons au-dessus, les tours, restes des anciennes fortifications, étaient remplies par les rangs nombreux et pressés des spectateurs. Le brillant émail des toilettes élégantes des dames, se détachant par des ceintures ou des dais de verdure formés par les arbres des terrasses, présentait un spectacle ravissant. De temps en temps de jeunes femmes s'avançaient sur la cime des tourelles en ruines, et apparaissaient, à cette hauteur, et sous un ciel en ce moment chargé de nuages, comme des ombres d'Ossian venant assister à l'apothéose du Héros.

Le monument consacré au Général Valhubert se compose d'un piédestal de beau granit du Parc, à Sainte-Pience, travaillé avec une rare perfection par des ouvriers du pays. Ce piédestal, en y comprenant sa plinthe, a douze pieds de hauteur, la Statue en a treize pieds quatre pouces.

Dans cette Statue, chef-d'œuvre de Cartelier, la pose est particulièrement remarquable. Le guerrier tient de la main droite son sabre renversé, la pointe vers la terre ; de la main gauche il retient son manteau qui a glissé de dessus ses épaules, et dont les larges plis drapent la partie inférieure du corps, et dissimulent ainsi ce que l'habit militaire français a de peu favorable à l'art du statuaire. Sa tête est admirable de ressemblance, d'expression, de noblesse et d'une légère teinte de mélancolie, comme si le guerrier pensait à son pays qu'il ne devait plus revoir. A ses pieds est l'obus qui doit lui donner la mort. Tous les détails sont d'un fini qui ne laisse rien à désirer, et qui atteste la légèreté et la délicatesse du ciseau du sculpteur, comme la pensée de la tête en atteste le génie.

Ce monument a été élevé sur le plan et par

les soins de M. Batailler, ingénieur, qui a développé toutes les ressources de son art dans le transport et l'ascension si difficile de la Statue.

MM. les Maire et adjoints d'Avranches, se détachèrent du cortège avec une compagnie de la garde nationale pour se rendre à la mairie, d'où ils rapportèrent une couronne de laurier, de chêne et d'immortelles, qui fut placée sur la tête de la Statue, aux sons d'une musique harmonieuse, et au bruit d'une salve de dix coups de canon. Cette cérémonie avait quelque chose de solennel et de religieux, qui porta au plus haut degré l'émotion des spectateurs.

Le Général prononça ensuite le discours suivant, qui fut souvent interrompu par d'unanimes applaudissemens :

« Citoyens, Gardes nationaux et Soldats!

» Qu'elles sont belles les récompenses que donne la Patrie! Mais aussi, qui jamais en fut plus digne que l'illustre Guerrier dont ce marbre immortel vous offre l'image!

» Combien ce beau jour doit faire battre les cœurs, et que cette cité, qui s'honore de l'avoir vu naître, doit être fière! Et moi, puis-je sans émotion déposer la couronne civique sur le front d'un de mes frères d'armes. Comme lui vieux soldat de la France, vétéran d'Austerlitz, je l'ai connu ce Valhubert que ma main couronne : avec lui j'ai versé mon sang sur ce champ de bataille, où il laissa sa glorieuse vie. C'est à ce titre que je dois, sans doute, l'honneur que vous m'avez décerné; et qui, mieux que moi, pourrait vous parler de cet illustre Guerrier? Valhubert est un de ces noms populaires qu'il suffit de prononcer pour résumer toute une histoire. Vous dirai-je qu'il fut le premier de ces braves volontaires de la Manche, qui méritèrent tant de fois les honneurs d'être mis à l'ordre de l'armée; que sa carrière militaire fut une suite de traits éclatans, qui attestent qu'il possédait également l'habileté qui dirige et le courage qui exécute.

» Vous le savez comme moi, et il me suffira de dire que Napoléon, dont l'immense génie savait apprécier les hommes, distinguait Valhubert au milieu de ses plus braves et de ses meilleurs généraux, dont la France comptait alors avec orgueil une si noble moisson.

» Valhubert a pris part à ces grandes guerres

que la liberté naissante eut à soutenir à son berceau. Il a combattu dans ces luttes de géants, qui ont porté si haut la gloire du nom français. Il a cimenté de son sang les bases de cette indépendance dont nous recueillons aujourd'hui les fruits. Honneur à lui! Tant que la gloire et la liberté seront chères aux Français, son nom sera révéré; comme Bayard, il vécut sans peur et sans reproche. Il mourut comme lui, de la mort des héros, sur un champ de bataille, et chargé des palmes de la victoire.

» Citoyens, gardes nationaux et soldats! répétons tous :

» Honneur, honneur à Valhubert!»

MM. le Sous-Préfet d'Avranches, le colonel de Bricqueville, l'un des députés de la Manche, Malo-Desdorides, beau-frère et ancien aide de camp de Valhubert, blessé à Austerlitz par un éclat du même obus qui frappa son Général; un Anglais, M. Muirson, et M. Salles, adjoint à la mairie d'Avranches, prononcèrent des discours que nous sommes heureux de pouvoir reproduire.

Discours de M. de St-Brice, Sous-Préfet.

« C'est en présence d'un nombreux concours de ses concitoyens, devant un grand nombre de gardes nationales de l'arrondissement, qu'il fut autrefois appelé à commander ; en présence de l'armée française, si dignement représentée par le brave 50° et le vieux guerrier qui, lui aussi, cueillit des lauriers à Austerlitz ; c'était en présence de ses parens, de ses amis ; en face des glorieux débris du 1er bataillon de la Manche, de cette brave 28°, qu'il conduisit tant de fois à la victoire, qu'il nous est donné de célébrer la gloire du Général Valhubert, par l'inauguration de ce monument national.

» Ce chef-d'œuvre de l'art, destiné à perpétuer le souvenir des services signalés que ce Guerrier rendit à la Patrie, commandé par le Grand Capitaine, qui savait si bien apprécier le mérite, fut terminé sous la restauration.

» Elle voulut aussi contribuer à cette récompense nationale, et payer son tribut d'honneur à notre illustre concitoyen. Mais le destin réservait à notre pays le bonheur d'acquitter envers ce Grand Homme, la dette contractée par la France. Il semble en avoir fixé l'époque au moment heureux où brilleraient de nouveau aux yeux ravis des bons Français, ces trois couleurs, sous l'auspice desquelles avait été entreprise la conquête de notre indépendance. Sous cette bannière, sacrée en effet, il combattit et mourut; sous cette bannière seulement il devait obtenir ce beau triomphe.

» Né dans nos murs, d'une famille au sein de laquelle il puisa les principes de toutes les vertus, les Muses lui décernèrent, dès son enfance, des couronnes, présages de celles qui l'attendaient plus tard au milieu des camps et sur les champs de bataille.

» Si la nature avait déposé dans son cœur de grandes qualités, et dans son esprit le germe de grands talens, la révolution lui fournit le moyen le plus puissant de les développer... La France avait à repousser les hordes étrangères, qui méditaient son asservissement; Valhubert saisit avec ardeur l'occasion de concourir à ce grand œuvre. Un des premiers, il entre dans la carrière avec un grand nombre de nos concitoyens, qui le nomment leur chef: il vole avec eux aux combats. Ami de l'ordre, il avait, par une discipline sévère, mais juste, rendu ses compagnons de dévoûment dignes de l'admiration des autres corps de l'armée.

» Je ne rappellerai pas ici tous les faits d'armes qui l'ont couvert de gloire; assez d'autres en ont présenté les détails : il reste encore assez de ses vieux frères d'armes pour raconter ces prodiges à la jeunesse étonnée. Il suffira de citer ici Lille, Pellemberg, le Quesnoy, la campagne d'Helvétie; de le suivre, par la pensée, sur le Simplon, au passage du Pô, à Broni, à Montebello, à Marengo, sur les rives du Mincio, et dans mille autres affaires auxquelles notre illustre compatriote prit une part si honorable, et qui toutes ont ajouté des fleurons à sa couronne.

» Par-tout il donna à ses troupes l'exemple de l'activité, de la vigilance, du courage et de l'intrépidité. Les revers qui interrompent quelquefois le cours le plus constant de prospérités et de succès, il les supporte avec une grandeur d'âme héroïque. Ils deviennent même pour lui une occasion heureuse de prouver à ses soldats sa réelle et vive sympathie. Dans la prospérité son cœur ne connaît point de bonheur qui ne soit partagé. Les récompenses qu'il a méritées, les trésors que son économie et sa sage administration ont mis à sa disposition, il les distribue libéralement aux défenseurs de la Patrie, confiés à ses soins. Jamais il ne les abandonne ; s'ils bivouaquent, ce n'est que sur les caissons que lui-même admet le repos ; son poste est toujours à côté de ses pièces de canon.

« C'était à Austerlitz que notre moderne Bayard devait terminer sa belle, mais trop courte carrière. Admirable dans sa vie, il fut encore plus grand dans sa mort. Il montra, jusqu'à son dernier soupir, le plus sublime dévoûment. Quelle voix éloquente pourrait retracer le deuil des guerriers qui l'entouraient, le deuil de l'armée entière, et cette cérémonie lugubre, dans laquelle lui furent rendus les derniers honneurs ? O Valhubert ! elle fut bien profonde aussi la douleur du pays qui vous a vu naître !!... Une mort prématurée vous a ravi à nos espérances, mais vous vivrez éternellement dans notre souvenir. Vous recevez aujourd'hui le plus beau des triomphes. Le ciseau d'un artiste célèbre, dont la France déplore encore la perte récente, nous retrace vos traits ; mais vos exploits, vos vertus, votre patriotisme et votre dévoûment vous ont élevé dans nos cœurs un monument plus durable encore que le marbre.

» Honneur et respect à votre mémoire ! «

Discours de M. de Bricqueville.

« Mes chers Compatriotes !

» Vous n'étiez pas les seuls à attendre l'érection de cette Statue, qu'en ce jour nous entourons de nos hommages. La France entière demandait depuis long-temps compte de cet oubli envers la mémoire de notre illustre concitoyen.

» Ce retard s'explique par la vie même du Général Valhubert, parti à la tête du 1er bataillon de ces nombreux bataillons de la Manche, qui spontanément se levèrent et coururent chasser l'ennemi de nos frontières.

» La mémoire du Général Valhubert était importune aux Bourbons, qui étaient à la remorque de nos ennemis, d'accord avec eux pour envahir la France. Cependant, par hasard, elle obtint grâce d'un pouvoir qui, jusqu'alors, n'avait jamais su pardonner aux miracles qu'avaient enfantés l'amour de la Patrie et de la

Liberté. La Statue était là ; qu'en pouvaient-ils faire? Elle nous fut rendue. Le pouvoir ne comprit pas que cette récompense nationale, décernée par le plus Grand Homme dont la France puisse s'enorgueillir, placée au milieu de nous, pût en un instant, si le salut de la France l'exigeait, rallier autour de son piédestal tous les enfans de la Manche.

» Il est facile d'accuser un pouvoir déchu; loin de moi cette pensée, tel menaçant qu'il se fasse encore. Un gouvernement qui commence, a ses faiblesses, comme un gouvernement qui finit, a ses coups d'état. Notre devoir, le devoir de tout bon citoyen, c'est d'aider le gouvernement; le seul moyen d'obtenir ce but, c'est de le chercher dans l'union de tous les Français.

» Strasbourg possède la statue du vainqueur d'Héliopolis, Kléber; Versailles, celle de Hoche, pacificateur de la Vendée; Avranches peut désormais présenter au monde celle de Valhubert, d'Austerlitz.

» Jurons d'imiter son exemple: tel de nous partant comme soldat, la France peut un jour lui devoir son salut.

» Nos Normands ont conquis et fondé des

empires ; nous, soyons Français, toujours prêts à repousser toute invasion étrangère, et à éteindre toutes dissentions intérieures. Notre gloire ne sera ni moins pure, ni moins solide que celle de nos devanciers.

» Tout pour le peuple Français !»

Discours de M. Malo-Desdorides.

« Messieurs !

» *Honneur et Patrie* ; telle fut la devise, jusqu'au dernier soupir, du Grand Homme, dont la destinée était de ne reparaître qu'en marbre au milieu de vous !.....

» Le nom illustre de Valhubert est joint aux vôtres pour toujours.... N'était-ce pas vous, ou vos fiers parens, qui enleviez avec tant d'éclat, malgré cette nuée d'ennemis, la position redoutable de Pellemberg. C'était le brillant début de votre 1er bataillon de volontaires !.... Ne méritâtes-vous pas alors un décret dicté par la reconnaissance nationale !.... Vous gravissiez le Simplon ; vous triomphiez par-tout dans ces innombrables journées de gloire pour la France !

» Messieurs, le carré invincible de Marengo était également formé par vos pères, ou bien par vous-mêmes..... le soleil d'Austerlitz vous éclairait aussi. Ces mots rappellent un grand triomphe, qu'il est impossible de citer, sans que la victoire ne présente à l'esprit Valhubert !.....

» Cette belle Statue de votre concitoyen devient pour vous un autre *Palladium !*.... Contempler, se rappeler tant de hauts faits, vouloir marcher sur les traces du Héros ; tels seront les élans de citoyens connus de toute date, par leur bon esprit et leur valeur..... Il vous suffira, Messieurs, de citer au loin votre département ou votre ville, pour que l'on vous dise : « Vous êtes compatriotes du premier » Volontaire de la France, comme il en exista » le premier Grenadier, mort aussi au champ » d'honneur ! »

» A diverses reprises, j'ai entendu cet intrépide Général Valhubert reposer sa pensée sur l'avenir. Il ne pouvait supposer pour lui de retraite possible que hors de combat et mutilé ! Avranches possédait alors l'homme de son choix..... « Son bonheur idéal était de vous » peindre son dévoûment, son attachement. » Son énergie appréciée, lui faisait franchir

» tous les obstacles..... Homme judicieux et
» habile, ami ardent, généreux et loyal, dé-
» voué entièrement au bien public; tel, Mes-
» sieurs, vous l'avez perdu! »

» Mais sa grande ombre semble planer sur sa ville natale, et sa fidèle ressemblance est là..... L'artiste, en ciselant ce chef-d'œuvre, semble avoir donné la vie au marbre : il devient la majestueuse et fidèle expression de ce calme dans le danger, de cette sérénité de l'honneur pur. Chaque trait de cette belle tête, dénote tout ce que l'habile sculpteur a éprouvé d'admiration pour son sujet. Foulant la mort d'un pas assuré, le Héros franchit l'obus, sans paraître s'en occuper aucunement : sa ligne est tracée par la gloire et ses principes; rien ne peut le faire s'en écarter. Idée juste, et même sublime, qui, d'un seul trait, rend le Grand Homme et le déplorable évènement, aussi digne des regrets de ses contemporains, que de leur admiration et de celle de tous les siècles à venir.

» Cette magnifique Statue, entourée d'une auréole de gloire, surchargée de lauriers éternels, est un centre commun à tous les Français, sans exception, sans distinction possibles.....

Messieurs, on sait que l'écho répète par-tout chez nous, lorsque l'on prononce : *Honneur et Patrie !*

» Malgré la distance qui me sépare de l'époque où le Général Valhubert quitta la terre, je ne pourrais, sans une trop profonde émotion, redire les détails de cette mort inimitable, par tous les genres de grandeur, et cet amour réel de son pays. J'étais près de lui, et fus frappé du fatal obus..... Eh bien ! Messieurs, le Général, porté malgré lui hors du champ de bataille, réclamait des soins pour moi, et ne voulait être pansé que le dernier de tous : il était cependant brisé et sillonné de par-tout, par un énorme éclat du projectile !....

» Le résumé de la vie de Valhubert a été écrit, au nom de la Grande Armée, sur sa tombe ; je crois devoir vous le citer en entier :

AU BRAVE GÉNÉRAL VALHUBERT,
TOMBÉ DANS LA BATAILLE D'AUSTERLITZ,
LE II. DÉCEMBRE M. D. CCC. V.

« *Nos ennemis, qui savent apprécier le courage,*
» *sauront aussi respecter, après notre éloigne-*
» *ment, ce monument élevé à un de nos généraux*
» *dont le grand caractère, les vertus et les talens*

» militaires, sont dignes de servir de modèle à
» toutes les nations. »

» Après ces sentimens, exprimés par mes pairs, il ne me reste qu'à peindre cet élan de mon cœur :

« Messieurs, respect, honneur et gloire
» pour la mémoire du Général Valhubert !.....

» Vivent les habitans d'Avranches et du
» département de la Manche !

» Vive la France !.... »

Discours de M. Muirson, officier anglais [*].

« Comme homme, comme Anglais, comme soldat, l'orateur veut payer son tribut d'admiration aux mânes de Valhubert.

» Les paroles de Valhubert tombant sur le champ de bataille, auraient seules suffi pour immortaliser un nom... L'homme qui a pu les prononcer dans l'agonie du trépas, ne pouvait avoir une âme commune... L'épée de Valhubert ne fut jamais rougie du sang français.

[*] Ce discours étant imprimé et se vendant au profit des Polonais, nous avons dû nous abstenir de le reproduire en entier dans notre récit.

» L'orateur parle de la révolution où le peuple français, saisissant en Hercule la massue de ses droits, a revendiqué la dignité de l'homme. Le génie en France, dit-il, s'est sur-tout développé dans les rangs du peuple ; et ce développement, prouvé par de nombreux et brillans exemples, a fait ressortir avec plus de force le ridicule des prétentions d'une aristocratie orgueilleuse, dont les Français ont long-temps subi le dédain superbe.

» L'orateur donne ensuite des larmes à la Pologne. Il s'indigne de l'abandon dans lequel la France et l'Angleterre ont laissé cette nation héroïque. Il espère de meilleurs jours ; il croit que la Pologne sera reconstituée, non dans son état de puissance du troisième ou du quatrième ordre, qui pourrait de nouveau tenter le *Boa humain*, mais dans son intégrité, avec ses vingt millions d'hommes, sa puissance et ses souvenirs.

» N'en doutez pas, dit-il, l'Angleterre et la France, ces deux Ajax, auxquels la Liberté a confié la garde de son temple, et la défense des droits des nations, ne reculeront plus à faire leur devoir ; et si, pour l'accomplir, il faut que nous donnions de notre sang et de celui de nos enfans, sur le dernier boulet qui aura effectué cette tâche glorieuse, sera écrit en caractères d'or : « La paix éternelle de l'Europe » et de l'univers. » Alors les serfs farouches des oppresseurs du Nord, refoulés dans leurs climats glacés, n'auront plus à s'occuper que de secouer leurs chaînes, et à leur tour ils demanderont à leur despote la charte de leurs droits.

» Je terminerai, Messieurs, en souhaitant que la Charte des Français, cette Charte qui a coûté tant de sang, pour le maintien de laquelle vous êtes prêts à verser chaque goutte de celui qui coule dans vos veines; que cette Charte, largement et libéralement interprétée, franchement et loyalement exécutée, devienne la Charte de tous les peuples, l'évangile du monde entier. »

Discours de M. Salles.

« MESSIEURS ET CHERS CONCITOYENS !

» L'érection de ce beau monument est un solennel hommage rendu à la mémoire d'un Héros, le Général Roger-Valhubert, né au sein de notre cité, qui s'en glorifie, mort aux champs d'Austerlitz, en combattant pour la

Patrie, qui a perdu en lui l'un de ses plus valeureux défenseurs.

» A la mémorable époque de notre première révolution, la France, relevant sa tête majestueuse, renversa le despotisme qui avait si long-temps pesé sur elle; et avec lui s'écroula le monstrueux édifice de la féodalité, entraînant, dans sa chûte, les privilèges et les abus de toute espèce, qui en formaient le détestable cortège.

» Bientôt, effrayés du spectacle imposant de notre régénération sociale, les potentats absolus de l'Europe, excités par l'aristocratie, se coalisent et dirigent contre nous leurs innombrables légions, pour étouffer, dans son berceau, la Liberté naissante.

» Mais les fiers enfans de la France, à la vue du péril qui menace la Patrie, se lèvent d'un mouvement spontané; et, pleins d'enthousiasme, courent aux armes pour la défendre.

» Une brillante et belliqueuse jeunesse forme, comme par enchantement, de nombreuses phalanges, qui volent avec intrépidité aux combats, où, par des prodiges de valeur, elles obtiennent d'éclatantes victoires.

» A la tête du premier bataillon des volontaires de la Manche, marche Valhubert, que ses éminentes qualités et son patriotisme recommandaient au suffrage de ses camarades, qui l'ont élu pour Chef: distinction honorable, qui pouvait dès-lors faire présager celles que, dans la suite, il a si bien méritées.

» N'attendez pas, MM°., que je suive notre brave Guerrier dans la noble carrière qui vient de s'ouvrir devant lui. Je n'ai pas besoin de vous raconter ses exploits; la part glorieuse qu'il a prise à nos victoires; de vous parler de sa vaillance, de son mâle courage; de vous entretenir de ses vertus, de sa générosité, de son rare désintéressement.

» Tout cela vient de vous être retracé avec bien plus d'autorité et d'éloquence que je ne pourrais le faire, par son digne compagnon d'armes, l'honorable Général qui préside à cette Fête.

» Que dirais-je, d'ailleurs, que vous n'ayez entendu répéter cent fois? Son éloge n'est-il pas dans toutes les bouches? L'histoire de sa vie n'est-elle pas, depuis long-temps, parmi nous, une sorte de tradition populaire?

» Un seul fait suffit à son panégyrique:
» Le Grand Capitaine, qui sut si bien apprécier

» et récompenser le vrai mérite, Napoléon,
» non content d'avoir donné à l'une des places
» publiques de la capitale le nom de Valhubert,
» voulut encore qu'une statue y fût élevée en
» son honneur. »

» C'est à lui, oui, MM., c'est à l'Empereur
que nous devons ce superbe marbre, qui sera
désormais le plus bel ornement de notre ville.

» L'étranger qui viendra nous visiter y verra,
avec admiration, ce chef-d'œuvre de l'art.

» Dans les âges futurs, nos neveux contempleront, avec un saint respect, les traits de
notre Héros, si heureusement reproduits; et,
apprenant de bonne heure quel il fut, le prendront pour modèle, et s'efforceront de l'imiter.

» Ami sincère de la Liberté, Valhubert eut
plus d'une fois à gémir des terribles excès
commis en profanant son auguste nom.

» Le principe de la souveraineté du peuple,
mal compris, amena tous ces désordres qui
faillirent causer la dissolution complète du
corps social.

» Sans doute, la souveraineté réside essentiellement dans le peuple; mais son exercice
est subordonné à des règles nécessaires, sans
lesquelles il n'y a plus qu'anarchie

» C'est pour avoir méconnu cette vérité, que nous avons vu la Liberté, horriblement défigurée, s'engloutir dans le despotisme de l'Empire.

» Aujourd'hui, qu'après une restauration, qui ne nous en avait montré que le simulacre, notre dernière et toujours glorieuse révolution, nous l'a fait apparaître de nouveau dans toute sa pureté; aujourd'hui, que nous avons le bonheur de la posséder, évitons, ô mes concitoyens, évitons l'écueil que je viens de signaler; gardons-nous de retomber dans l'anarchie: elle nous la ferait perdre encore, peut-être, hélas! sans retour. Montrons-nous dignes de la conserver, en maintenant toujours l'ordre, la concorde, la fraternelle union qui règne, en ce beau jour, entre les citoyens de toutes les parties de cet arrondissement.

» Qu'à l'exemple de notre illustre compatriote, un seul sentiment nous anime, l'amour, l'amour sacré de la Patrie!

» C'est pour elle qu'il combattit au déclin de notre première monarchie, devenue constitutionnelle;

» C'est aussi pour elle qu'il combattit sous la république, à toutes les phases;

» C'est encore pour elle qu'il combattit sous l'Empire;

» C'est pour elle, enfin, qu'il a versé, au champ d'honneur, avec un insigne courage, jusqu'à la dernière goutte de son sang!

» Honneur donc, gloire immortelle à Valhubert!

» Vive à jamais sa mémoire!.... »

Toutes les pensées patriotiques, tous les sentimens d'amour de la Liberté et de la Patrie, de dévoûment au trône de juillet, exprimés dans ces discours, trouvèrent dans les spectateurs une vive sympathie, que manifestèrent de longs et sincères applaudissemens. Les différens corps de musique firent entendre, dans les intervalles, les airs électriques de la Marseillaise et de la Parisienne. Les gardes nationales et la ligne défilèrent ensuite autour du monument, aux sons de leurs musiques respectives, et firent encore admirer là la précision et l'ensemble de leurs mouvemens, qui déjà leur avaient mérité les éloges du général Berthemy. On se sépara un instant pour se réunir bientôt au banquet qui avait été préparé dans un des carrés du jardin de l'Évêché.

Un trophée, surmonté du buste du Roi, s'élevait dans le milieu. Deux drapeaux tricolores flottaient à chacun des nombreux peupliers qui entourent la salle du banquet; aux deux extrémités on voyait le drapeau anglais uni au drapeau français.

Un double rang de tables, dressé sur tous les côtés du carré, reçut 1400 convives; fonctionnaires, citoyens, gardes nationaux, soldats. Les souscripteurs * avaient invité tous les députés et tous les membres du conseil général du département, et tous les officiers et soldats du 50ᵉ formant la garnison. Trois seulement de nos députés avaient pu se rendre à cette invitation; c'étaient MM. de Bricqueville et Havin, comptés parmi les plus zélés défenseurs des libertés publiques et des intérêts nationaux, et M. Dubois, maire de Granville, nommé dernièrement député, qui n'a point encore siégé, mais dont le patriotisme et le dévoûment à la révolution de juillet, et au

* On dut regretter que le temps n'eût pas permis de prolonger le délai de la souscription, ce qui força à en refuser plusieurs centaines, qui arrivèrent trop tard.

trône qu'elle a élevé, promet un défenseur nouveau et éclairé à nos institutions, à nos droits, à nos libertés. Le respectable M. Angot, ancien député, membre du conseil général, était au nombre des personnes invitées.

Aux côtés du général Berthemy et du Sous-Préfet, on remarquait M. Roger-Valhubert, frère du Général, et M. Malo-Desdorides, son beau-frère. A la même table étaient plusieurs officiers et soldats, nobles débris du 1ᵉʳ bataillon de volontaires de la Manche, parti en 1791, sous le commandement de Valhubert.

Il est difficile d'imaginer un coup-d'œil plus riant et plus animé, que celui de ces 1400 convives, unis par la joie la plus vive, et par la plus franche cordialité, entourés des flots mouvans d'une foule innombrable de promeneurs et de dames remplissant toutes les allées, circulant ou assis sur les bancs et sur les glacis du jardin.

Au dessert, le général Berthemy porta la santé du Roi des Français; une salve de dix coups de canon l'annonça au loin; de vives et unanimes acclamations l'accueillirent, et la musique fit entendre l'air favori des Français.

Les toasts suivans furent successivement portés.

Par M. le Sous-Préfet :

« A la mémoire de notre illustre compatriote, le Général Valhubert ! Sa belle vie et sa mort glorieuse permettent de le placer en regard des plus grands hommes de l'antiquité. Apprenons, en contemplant le beau monument que nous venons de lui consacrer, comment on doit mourir pour son pays.

» A LA MÉMOIRE DE VALHUBERT ! »

Par M. Havin, député :

« A LA FRANCE !

» Puisse-t-elle être toujours glorieuse et libre ! Foyer des lumières, sa place est marquée à la tête de la civilisation du monde ; toutes ses sympathies sont pour l'indépendance et la liberté des peuples.

» Ne voulant plus faire de conquêtes, elle ne demande à la vieille Europe, pour prix de quarante années de combats et de victoires, que du respect pour ses lois et pour la forme de gouvernement qu'il lui a plu d'adopter.

Elle n'ignore pas que le progrès amènera l'émancipation des peuples, et que ce n'est déjà plus qu'une question de temps. Plus l'absolutisme et l'aristocratie apporteront de résistance, plus l'explosion sera prompte et vive.

» La France veut la paix; mais une paix honorable, et par conséquent durable; et non cette paix en armes qui, depuis deux ans, épuise les ressources du pays, interrompt les transactions, et arrête les spéculations du véritable commerce.

» La France veut, avant tout, l'ordre et la tranquillité à l'intérieur; elle flétrit les émeutes, parce qu'elles troublent la sécurité des citoyens, parce qu'elles anéantissent le commerce. Elle les flétrit encore, parce que, perfidement exploitées, elles nuisent à la cause de la Liberté, et servent de prétexte à l'arbitraire.

» La France demande l'exécution des promesses de la Charte: elle demande qu'on donne au peuple une éducation morale et intellectuelle qui, en l'éclairant sur ses droits, l'instruise de ses devoirs. Elle demande qu'après avoir organisé le pouvoir municipal dans tous ses degrés, on en détermine les différentes attributions, et qu'elles soient nettement formulées. Enfin, pour le dire en un mot, la France veut la royauté et la révolution de juillet, mais elle veut aussi les conséquences de cette révolution; et, en dépit de la résistance, elle les obtiendra.

» Il y a de l'avenir chez un peuple qui produit des hommes tels que Valhubert, qui inspire de pareils dévoûmens! Il y a de l'avenir chez un peuple qui décerne des couronnes, qui élève des statues au patriotisme, au génie, et aux vertus civiles et guerrières.

» À NOTRE CHÈRE PATRIE! À LA FRANCE!
» AUX PATRIOTES! »

Par M. Guérin*, Commandant de la garde nationale d'Avranches :

« À L'ARMÉE!

» Avant-garde, formée de nos frères, elle restera toujours unie à la garde nationale et aux citoyens pour défendre le trône de juillet, l'indépendance de la Patrie au-dehors, et sa tranquillité à l'intérieur.

* Nous citons le sens et non le texte même de ce toast.

Par M. Fabry, Chef de bataillon, au 50ᵉ de ligne, qui, par son rang d'ancienneté, avait commandé les manœuvres de la garde nationale et de la ligne :

« A L'UNION ÉTERNELLE DE LA GARDE NATIONALE ET DE LA LIGNE !

» Elle fait notre force et notre gloire. Je suis convaincu, Messieurs, que si S. M. le Roi des Français faisait un appel à son armée, pour marcher à l'ennemi, les gardes nationales de la Manche, ici présentes, seraient les premières qui se lèveraient en masse, pour ne former, avec nous, qu'une seule famille militaire, et voler aux frontières.

» VIVE LA GARDE NATIONALE ! »

Par M. Malo-Desdorides :

« A la mémoire des braves compagnons de gloire du Général Valhubert, tombés comme lui, pour la Patrie, dans les combats !

» Aux intrépides et brillans débris du 1ᵉʳ bataillon de la Manche, et de la *bonne et brave* 28ᵉ de ligne !

Par M. de Bricqueville, député :

« L'institution de la garde nationale est le complément forcé de toutes les autres. La loi, le souverain et le citoyen y puisent leur sécurité. Elle est la garantie de l'ordre à l'intérieur ; elle est la garantie du respect de toutes les puissances à l'extérieur.

» Nous touchons à cette heureuse époque où la civilisation fera seule des conquêtes sur la barbarie. Les guerres entre les peuples libres deviendront impossibles, et les gouvernemens finiront par ne pouvoir que ce que les peuples voudront.

» Les quatorze bataillons de gardes nationaux de la Manche, qui s'élancèrent à la frontière pour chasser l'ennemi, qui envahissait la France, prouvent assez ce que nous ferions, si pareil malheur nous menaçait.

» Les gardes nationaux de l'arrondissement d'Avranches, peuvent être offerts comme modèles.

» Permettez qu'au nom de la garde nationale de Cherbourg*, je fraternise avec vous, mes

---

* M. de Bricqueville est commandant de la garde nationale de Cherbourg.

chers camarades, et portons ensemble ce toast :

» Aux Gardes nationales de toute
» la France ! »

Par M. le Maire d'Avranches :

» A l'union de la France et de l'Angleterre ! »

Dans ce toast, que nous regrettons de ne pouvoir citer textuellement, M. le Maire démontra combien cette union était avantageuse aux deux nations, combien elle importe au bonheur des peuples de l'Europe. Il arriva, par une transition naturelle, à féliciter la ville d'Avranches de posséder dans son sein un grand nombre de familles anglaises, vivant dans une harmonie parfaite avec ses habitans, et ayant su se concilier leur estime et leur attachement, par leur excellent esprit, leur conduite et leurs qualités sociales.

M. Muirson, déjà entendu le matin, exprime, en peu de mots, le même vœu.

M. Paterson, l'un des commissaires du banquet, dont les habitans d'Avranches entendent toujours avec plaisir la voix éloquente dans leurs fêtes nationales, prit la parole après M. Muirson.

« MESSIEURS ! dit-il,

» Vous nous avez fait l'honneur de porter pour toast l'union de la France et de l'Angleterre. Au nom de mes compatriotes, je vous en fais mes sincères remercîmens. Les deux dernières années ont, il me le paraît, suffi pour démontrer que l'union toujours plus intime de la France et de l'Angleterre, doit avoir une immense influence sur les destinées du monde. La paix et la guerre, le bonheur et le malheur des nations sont entre leurs mains. Mais, pour que cette union ait toute la force morale et physique qu'elle doit avoir, il ne faut pas seulement une union de dehors, il faut aussi la tranquillité et l'union au-dedans. Nous portons donc pour toast :

» LA PROSPÉRITÉ INTÉRIEURE DE LA FRANCE !
» LA FRANCE TRANQUILLE, LIBRE ET PROSPÈRE ! »

M. Roger-Valhubert*, frère du Général, dans quelques phrases, qu'interrompait souvent sa profonde émotion, témoigna combien

* M. Roger-Valhubert avait, la veille, fait distribuer 4000 livres de pain aux indigens.

il était touché des honneurs rendus à son frère, et reconnaissant de ce que la ville d'Avranches avait fait pour consacrer, à la mémoire du Général, le monument, dont l'inauguration rassemblait en ce moment ses chers concitoyens.

Par M. Dubois, Procureur du Roi :

« A LA PACIFICATION DE LA VENDÉE !..... »

M. le Procureur du Roi émet le vœu que le gouvernement comprenne que le temps de l'indulgence et des ménagemens est passé; et qu'il prenne des mesures vigoureuses pour faire cesser un état de choses, qui inquiète et alarme la France..... Liberté, dit-il, pour les opinions ; liberté pour les regrets même et les affections ; mais répression prompte et énergique de tous les actes qui tendent à rallumer ou à entretenir la guerre civile.

* M. le Procureur du Roi, dont chaque fête nationale révèle un acte de bienfaisance, avait, à l'occasion de celle-ci, fait distribuer 1500 livres de pain aux familles indigentes de la ville.

Son absence ne nous a pas permis de nous procurer textuellement son discours.

Par M. Dubois, maire de Granville, et député:

« Messieurs!

» J'exprimerai, sous la forme de toast, un vœu dont l'objet me paraît être l'un des premiers besoins de notre époque.

» A l'union des bons citoyens! A l'union, gage de force et de stabilité! Unissons-nous, tous tant que nous sommes, ou plutôt resserrons les liens qui nous unissent. Immolons, s'il le fallait, à ce bienheureux accord, tous les sentimens de rivalité, d'ambition, d'amour-propre : qu'ils soient déposés là, qu'ils viennent s'éteindre au pied de ce monument, nouvel autel de la Patrie. L'intérêt général le veut ainsi; l'intérêt général, pour lequel tous les sacrifices portent en eux-mêmes leur récompense.

» En dépit de nos ennemis, de ces hommes toujours ardens à exploiter nos divisions, réunissons nos efforts vers un seul but : la consolidation de notre révolution de juillet, telle que l'a consacrée la Charte de 1830.

» Là sont, en effet, tous les germes de bonheur public et de grandeur nationale. En deçà, au-delà, par-tout ailleurs enfin, je ne vois que désordre et confusion, humiliation et malheur.

» N'en doutons pas, Messieurs; l'ordre maintenu au-dedans, la paix (j'entends une paix honorable) conservée au-dehors, favoriseront le sage développement de nos institutions, et verront éclore à côté de ces améliorations progressives, tous les bienfaits que réclament l'agriculture, les arts, le commerce, l'industrie.

» Pour obtenir ces heureux résultats, pour voir fleurir ces objets de notre vive sollicitude, encore une fois, soyons unis. Nous le fûmes durant de longs jours d'orages, qui nous apprirent à nous connaître et à nous estimer; nous le fûmes tant que dura le combat, ne le serions-nous plus après la victoire?...

» Et comment ne pas caresser l'espoir d'une fusion si désirable, en présence de cette assemblée, où, pour honorer la mémoire de notre illustre compatriote, se sont donné rendez-vous et se tiennent par la main, toutes les gloires, tous les services, toutes les espérances: depuis les compagnons d'armes de Valhubert, dont ce jour est aussi la Fête, volontaires nationaux, premiers défenseurs de notre indépendance; nobles débris des plus nobles phalanges; depuis nos doyens aux assemblées législatives, soldats non moins valeureux, qui combattirent ici l'anarchie, là le despotisme, modèles de vertu civique et de patriotisme éclairé; depuis, en un mot, nos devanciers, si dignes d'honneur et de respect; jusqu'à nos futurs successeurs et déjà nos rivaux, dont le sang neuf se tient à son tour au service de la Patrie, dont le talent précoce attend impatiemment qu'on l'appelle aux affaires; jeunes amis qui honoreront un prochain avenir, si, aux avantages qu'ils doivent à une éducation positive, ils allient le fruit des enseignemens du passé.

« Ah! Messieurs, tenons serrés, tenons en faisceau toutes ces richesses nationales, toutes ces sympathies patriotiques, tous ces élémens de force et de puissance; et notre France, heureuse sous la Monarchie de Juillet, sous le régime de la Liberté et des lois, sera encore, et toujours, la Grande Nation.

Je me résume: Union et Charte, que ce soit là notre *ordre du jour*. Valhubert, puisse ta mémoire n'avoir jamais à nous dire: *Souvenez-vous de l'ordre du jour*.!

Chaque toast était suivi d'un air joué par un des corps de musique des gardes nationales.

Après le dernier toast, fut chantée, par M. Paul Maillard, une chanson qu'il avait composée pour la Fête. Nos lecteurs la trouveront à la suite de cette relation.

Le soir, tous les citoyens illuminèrent leurs maisons. La Place-Valhubert et le jardin de l'Évêché furent illuminés de la manière la plus brillante, et la plus pittoresque. A l'entrée de la Place, un transparent retraçait les noms des affaires où Valhubert s'était le plus particulièrement distingué.

On remarquait l'illumination de la maison de M. le Sous-Préfet, et celle de M. le Curé d'Avranches, qui avait placé une couronne d'immortelles sur le drapeau national dont sa maison était pavoisée. Mais il en est une autre que nous devons mentionner, parce qu'elle fait également honneur, et au Général Valhubert, et au citoyen qui en a eu l'heureuse idée. Un de ses anciens soldats, M. Harel, rue Ormont, qui se rappelle toujours avec reconnaissance les bienfaits et les vertus de son digne chef, avait fait placer, sur le devant de sa maison, un transparent sur lequel se projetait l'ombre de deux branches de laurier, avec ces mots : *Faible témoignage de reconnaissance.* De nombreux lampions, distribués avec autant de goût que de profusion, entouraient ce transparent, et faisaient ressortir cet hommage touchant, que personne n'a pu voir sans une vive émotion. Heureux les hommes qui, trente ans après leur mort, peuvent encore inspirer de pareils sentimens ! Heureux les hommes, qui savent les conserver ainsi inaltérables au fond de leur cœur.

Un aérostat fut lancé à neuf heures du soir. Des groupes nombreux de promeneurs parcoururent les rues de la ville jusqu'à près de minuit, et les firent retentir des refrains populaires.

Rien ne troubla cette belle journée ; aucun accident, aucun désordre : ainsi furent démenties les prédictions sinistres ; ainsi furent dissipées des craintes, qu'aucun antécédent ne justifiait ; ainsi furent trompées les espérances perfides.

Le lendemain, la compagnie d'artillerie de la garde nationale de Granville partit de bonne heure pour s'en retourner ; mais, arrivée au point où la veille de la Fête elle avait salué la ville d'Avranches, elle lui fit ses adieux par une nouvelle salve de sept coups de canon, qui lui fut immédiatement rendue par la compagnie d'Avranches.

Les autres compagnies des gardes nationales de Granville et de Villedieu ne partirent qu'à dix heures. Celle d'Avranches alla les reconduire jusqu'au point de partage des deux routes, mais auparavant toutes défilèrent de nouveau autour de la Place-Valhubert. Ce fut alors que les cris enthousiastes de Vive Avranches! Vive Granville! Vive Villedieu! etc. se firent entendre au loin. Arrivés au point où les gardes nationales devaient se séparer, de nouvelles, de chaleureuses protestations d'union, d'amitié, de secours mutuel, furent échangées au milieu des mêmes acclamations, qui avaient accueilli nos frères d'armes à leur arrivée dans la ville.

Entre nous, se disait-on de toutes parts, c'est à la vie et à la mort.

Comment se faire une idée de la franche et expansive cordialité, de l'enthousiasme patriotique, qui ont régné dans cette mémorable solennité? Ah! ils ont pu se convaincre ceux qui peuvent encore rêver la guerre civile dans nos contrées, que tous les bons citoyens de l'arrondissement sont solidaires ; qu'il y a entre eux émulation sans rivalité ; qu'attaquer un seul point, c'est les attaquer tous, et qu'à la première apparence de danger, de par-tout se renouvellerait l'exemple de courage et de dévoûment donné, par la garde nationale d'Avranches, lorsque Saint-James fut menacé.

Puisse le spectacle de cette touchante fédération ramener à de meilleurs sentimens les hommes qui peuvent regretter le gouvernement déchu, et qui, pour le ramener, pourraient songer à organiser la guerre civile ! Puisse-t-il les faire renoncer à des projets funestes qui, sans leur laisser l'espoir de parvenir à leur but, ne pourraient qu'attirer sur eux et sur leur pays d'incalculables malheurs.

———

Indépendamment de la chanson de M. Maillard, nous croyons devoir ajouter, aux pièces contenues dans ce recueil, une pièce de vers anglais, composée par une dame anglaise habitant la ville d'Avranches. Ces vers, où, autant que nous pouvons en juger par la traduction, respirent des sentimens si élevés, une sensibilité si exquise, si maternelle, oserions-nous dire, semblent échappés à la plume de lord Byron. Ils ont été traduits par M. Turgis, professeur de rhétorique au collége d'Avranches.

COUPLETS

COMPOSÉS ET CHANTÉS PAR M. PAUL MAILLARD,

POUR L'INAUGURATION

DE LA STATUE DU GÉNÉRAL VALHUBERT.

Air : *Dis-moi, soldat, dis-moi, t'en souriens-tu?*

Le temps n'est plus des regrets et des larmes,
Par vos concerts éveillez les échos;
Venez revoir la gloire de nos armes,
Et contemplez l'image d'un Héros.
Ce Général, qu'on pleura, qu'on admire,
Paraît enfin à vos yeux attendris;
Il n'était plus... Sous ce marbre il respire;
De Valhubert voilà les traits chéris.

A son aspect les enfans de la France
Ont tressailli de joie et de bonheur;
Son nom dit tout, vertus, noble vaillance,
Amour constant du pays, de l'honneur.
Pourquoi chanter des exploits que l'histoire
Grava pour vous, pour la postérité?
Déjà la voix des filles de mémoire
Redit ses droits à l'immortalité.

Bravant la foudre et les rochers de glace,
Il s'élança jusqu'au sommet des monts;
Sur le Simplon admirant tant d'audace,
Il apparut guidant ses bataillons.
On vit flotter, sur sa cime blanchie,
Les trois couleurs, gage de nos succès;
Et, dès ce jour, la route d'Italie
S'ouvrit brillante aux étendards français.

Près d'Austerlitz, aux champs de Moravie,
Il tombe! ô France!... On vole à son secours;
Mais Valhubert, près de quitter la vie,
Redit ces mots qu'on redira toujours :
« Allez combattre, allez, je vous l'ordonne,

» Soyez vainqueurs, je bénis mon trépas :
» Serrez vos rangs, amis, qu'on m'abandonne !
» L'ordre du jour, l'oubliez-vous, soldats ! »

Mais qu'entend-il ? C'est l'hymne à la Patrie,
Le clairon sonne un combat glorieux :
Sublime, il dit : « O sort digne d'envie !
» Plus d'un vainqueur va me fermer les yeux.
» Je meurs content dans un jour de victoire ;
» Mon lit funèbre est beau de vos lauriers :
» J'ai combattu pour la France et la gloire ;
» J'aurais voulu pour elle... Adieu ! guerriers. »

Je crois l'entendre, au lieu de sa naissance,
Après trente ans, heureux d'y revenir.
Salut, dit-il, berceau de mon enfance,
Loin de ces murs, j'aimais ton souvenir.
Amis, parens, et vous, compagnons d'armes,
Que je guidais au milieu des combats,
Je vous revois ! que ce jour a de charmes ;
Je vous revois : ne nous séparons pas.

De Valhubert honorons la mémoire ;
Au voyageur montrons un de nos preux :

Brillant et pur, le reflet de sa gloire
Rejaillira sur nos derniers neveux.
A ce beau nom, répété d'âge en âge,
Leurs cœurs battront d'orgueil et de plaisir;
Ici nos fils, rêvant sous le feuillage,
Pour la Patrie apprendront à mourir.

VERS ANGLAIS.

Firm to his duty till his latest breath,
He led them on to conquest or to death!
Pale coward fear from every bosom fled,
They dar'd to follow where he bravely led.
The sculptured marble bids recording fame,
To future ages hand their Val'bert's name;
Yet still a nobler monument we find
Erected in a grateful people's mind.
There sorrow for his loss a tribute pays
How far beyond the marble or the bays!

Nor can the Muse with cold indifference tell,
In freedom's cause, how many heroes fell;
In fancy too she hears the widow's cry,
And sees to heav'n the tear uplifted eye:
What hand, she cries, can minister relief?
What power can sooth the wretched orphan's grief?
Yes! he alone who bids the tempest cease,
And to the murm'ring billows whispers peace,
Can to affliction's wounds a balm impart,
And heal the anguish of a grief worn heart.

TRADUCTION.

Fidèle à ses devoirs jusqu'à son dernier soupir, il les conduisit ou à la victoire ou à la mort. La crainte lâche et au teint livide s'éloignait de tous les cœurs; ils osaient le suivre là où sa valeur les guidait. La renommée aux cent bouches ordonne au marbre sculpté de présenter aux âges futurs l'image chérie de Valhubert. Cependant nous trouvons un monument plus glorieux encore, érigé dans le cœur d'un peuple reconnaissant. C'est là que la douleur paie à ses mânes un tribut bien supérieur à celui du marbre ou d.....

Ma Muse ne peut rappeler, avec une froide indifférence, combien de héros succombèrent pour la cause sacrée de la Liberté. Elle entend, en idée, les cris de la veuve, et elle voit ses yeux, baignés de larmes, dirigés vers les cieux. Quelle main, s'écrie-t-elle, peut me donner des consolations? quelle puissance peut calmer la douleur de l'infortuné orphelin. Oui, celui qui fait succéder le calme à la tempête, et qui, d'un mot, rétablit la paix parmi les vagues mugissantes, peut seul appliquer un baume salutaire sur les blessures de l'affliction, et guérir les excès d'une douleur qui part du cœur.

Tho' conquest still the gallic army guides,
And on her floating banners proudly rides;
Yet, must the Victor 'midst his glory own
Not without thorns he wears the laurel crown!
Around his steps a mourning train attends
Of wretched orphans and of weeping friends.
Ev'n for their foes the sternest warriors feel,
For steel clad bosoms have not hearts of steel!
Still more they mourn when by stern fate decreed,
Their bravest, noblest sons are doomed to bleed.
Val'bert, they own that conquest bought too dear
Which bids them shed for thee the bitter tear!

Quoique la victoire guide encore les légions de France, et qu'elle voltige avec orgueil autour de ses étendards flottans; cependant le vainqueur doit avouer, au milieu de sa gloire, que la couronne de laurier qui ceint son front, n'est pas sans épines. Autour de lui marche un lugubre cortège de malheureux orphelins, et d'amis en pleurs. Le guerrier le plus sévère se sent ému à la vue de ses ennemis; car les poitrines couvertes d'acier, ne cachent pas pour cela des cœurs d'acier. Leur deuil est encore plus profond, lorsque les arrêts immuables du destin, condamnent leurs plus braves et leurs plus illustres fils à verser leur sang. Valhubert, ils regardent comme achetée trop cher une victoire qui leur fait verser sur ta tombe des larmes bien amères.

La Fête du 16 septembre, a donné naissance à un assez grand nombre de pièces de vers. Telles sont : Une *Chanson historique sur le Général Valhubert*; un recueil intitulé : *Poésies faites en l'honneur du Général Valhubert*, et des *Stances* de M. Lourel, avocat. Mais elles sont imprimées, il n'entre pas dans notre plan de les insérer dans notre relation.... Cependant il est une pièce que nous n'avons pas encore mentionnée, et que nous devons recommander à tous les amis de la belle poésie. Ils y trouveront une imagination brillante, des pensées fortes et des images hardies, un amour brûlant de la Liberté et de la Patrie. Elle a pour titre : *Gloire militaire de la Révolution française*. L'auteur est M. Fulgence Girard, de Granville, très-jeune homme, dont les débuts promettent à la France un beau talent de plus.